EXERCICE 1845.

L'ENTENTE CORDIALE ET CIE,

SOCIÉTÉ HUMANITAIRE

POUR LA TRAITE DES BLANCS PAR LES MARRONS

SOUS PRÉTEXTE D'ÉMANCIPATION DES NOIRS.

QUESTION DES FERS, FONTES ET ACIERS.

PROPOSITION DU RETRAIT DE LA LOI DE 1842 SUR LES CHEMINS DE FER.

IMMORALITÉ DE CEUX-CI.

FABRICATION DU FER PAR NOS MÉTHODES DIRECTES. DÉMOCRATIE INDUSTRIELLE.

LETTRE A TOUT LE MONDE..

MÊME M. LE DÉPUTÉ, ET PAIR OU IMPAIR.

PAR ADRIEN CHENOT,

Ancien élève de l'École royale des Mines.

PARIS.

IMPRIMERIE DE FAIN ET THUNOT,

RUE RACINE, 28, PRÈS DE L'ODÉON.

1845.

L'ENTENTE CORDIALE ET CIE.

L'ENTENTE CORDIALE ET Cⁱᵉ,

SOCIÉTÉ HUMANITAIRE

POUR LA TRAITE DES BLANCS PAR LES MARRONS

SOUS PRÉTEXTE D'ÉMANCIPATION DES NOIRS.

QUESTION DES FERS, FONTES ET ACIERS.

PROPOSITION DU RETRAIT DE LA LOI DE 1842 SUR LES CHEMINS DE FER.
IMMORALITÉ DE CEUX-CI.

FABRICATION DU FER PAR NOS MÉTHODES DIRECTES. DÉMOCRATIE INDUSTRIELLE.

LETTRE A TOUT LE MONDE.....
MÊME M. LE DÉPUTÉ, ET PAIR OU IMPAIR.

Par ADRIEN CHENOT,

Ancien élève de l'École royale des Mines.

PARIS.

IMPRIMERIE DE FAIN ET THUNOT,

RUE RACINE, 28, PRÈS DE L'ODÉON.

1845.

Cet écrit est fait à la hâte; il ne devait paraître que plus tard, et avoir des limites beaucoup plus restreintes.

Les circonstances surgissent nouvelles du jour au lendemain, et incessantes menaces d'avilissement de l'état de la puissance de la France; c'est sous le masque hypocrite de l'intérêt national que la coupe du poison nous est tour à tour présentée.

Le conseil d'agriculture et du commerce au néant depuis quatre ans se trouve tout à coup convoqué, et saisi des questions les plus importantes sans programme préparatoire, sans enquêtes préliminaires possibles.

D'une part, la question des fers, tôles et fontes, présentée dans un état de surexcitation de besoins pour le jeu, le monopole, et les artifices de ces deux hydres dévorantes, laisse les maîtres de forges à découvert par l'allégation spécieuse du moment, que le prix surélevé du fer, de la fonte et de l'acier prouve leur incapacité..... et leur grande prospérité... Que la Providence ait pitié d'eux ! voilà mon désir et *mon opinion*.

Au fond, ils jouent comme tous autres, et ne vendent qu'à un prix très-élevé, ce qu'ils eussent vendu avec empressement il y a six mois à un prix très-bas, et ce que dans six mois ils offriront partout à un prix d'embarras et d'encombre, car ils ne vendent pas aujourd'hui, ils cumulent et produisent, espérant une disette.

D'autre part, la question d'une loi sur les compagnies n'est qu'un acte apparent de contrition que les habiles déposent au pied de la tribune des Chambres par l'intermédiaire des conseils d'agriculture et du commerce, pour éloigner une suspicion qui ne peut en tous cas leur échapper, *celle d'avoir voulu étioler la nation par le jeu, et exploiter la stupeur, et l'immoralité générale*, si facile à diriger par des moyens d'électricité métallique.

En 1838, n'avions-nous pas vu Saint-Bérain, une des meilleures affaires de France, posée en invention sans base, et les faiseurs punis *pour imposture, et non pour exagération de valeur* ? Il s'agissait alors de la presse en lutte avec M. de Girardin, et le poursuivant d'imposture, alors qu'au fond on ne poursuivait en lui que l'auteur, l'inventeur (recommandable ou non) de la presse à bon marché.

Voilà l'histoire de Saint-Bérain. La loi proposée au sujet des scandales de cette affaire, l'influence des jugements prononcés contre etc., etc., etc., mais non contre certains autres etc., etc., etc., ont eu pour résultat d'effrayer et d'égarer l'opinion publique : toutes les affaires des mines furent réputées fictions déhontées... et la morale n'a fait qu'un pas de plus vers l'immoralité.

Dire de pareilles choses en face de l'opinion publique si complétement égarée à ce sujet, c'est au moins avoir le courage de son opinion, si ce n'est celui plus méritant de rendre à chaque chose son veritable caractère ; qu'on m'excuse donc.

Aujourd'hui, méditer une loi sur les compagnies de chemins de fer, mais c'est conspirer l'absolution des plus grands crimes, des plus grands vols, des fraudes et dols les mieux caractérisés.

Il ne s'agit point, si l'on veut quelque chose de profitable à la morale, de passer sur les faits accomplis, et de menacer d'un châtiment ceux qui s'accomplissent ; il ne s'agit point de réglementer la morale, c'est un être dont toute la candeur et la poésie émanent de la spontanéité ; il faut punir l'immoralité qui a calculé le crime, qui en a prémédité et accompli la perpétration ; il faut une loi de répression du mal fait, et, si l'on veut, une loi de prévention de celui qui pourrait encore s'attacher à quelque cynique entreprise.

Mais qu'on me croie ou non, c'en est fait de toutes ces farces pour les chemins de fer : comme on ne paye qu'en sortant, tout le monde est entré ; il s'agit maintenant de sortir... personne ne sortira... un petit écu de sa poche... les uns par une excellente raison... les autres par de mauvaises.

Somme toute, les questions posées sont vides d'intentions généreuses, et n'ont qu'un but, celui de faire jouer quelques honnêtes gens au jeu de gens sérieux élaborant de beaux projets, pour des gens qui rient sous cape d'avoir trouvé un motif de version, thème ou amplification qui pût rejeter sur les intérêts matériels mis en jeu, des intérêts qu'une investigation sans préoccupations pouvait mettre en péril.

MINISTRES,

Résumant la nationalité de vos actes, obscène abus d'initiative, voyons à quoi se réduisent vos motifs d'accusations contre l'industrie nationale ; *voyons pourquoi vous nous agitez.....* et ce dont il s'agit au fond.

Quant aux aciers, deux ou trois millions de kilogr. que vous supposez venir de l'étranger, quand, en réalité, ils sont en partie nés et créés en France ; voilà la base d'une commotion. Vous agitez pour deux à trois cent mille francs une industrie en *immense* progrès..... est-il à son sujet possible de discuter sérieusement avec vous..... de vous dire : Mais s'il nous manque quelques kilogr. d'acier, qui peut oublier que la compagnie Giron, de Grenoble, se liquidant en 1842, fit vendre publiquement *quatorze* concessions de minerai de fer spathique dans l'Isère (une seule compagnie! quatorze concessions dans le même département)? Triple enseignement ou renseignement.

Est-il possible de vous dire avec quelque espoir d'être écouté?.... Mais il existe en France dix-sept localités connues où gît du minerai de fer spathique inexploité, même inexploré..... Il en existe en Algérie..... déjà laminé..... et marqué à la Bourse..... qui aime les fictions ou réalités lointaines..... celles qui prêtent au vol à l'action ?

Quant aux fers pour *rails*, vous nous en abandonnez la confection (nous reviendrons sur votre générosité à ce sujet)...... vous nous les abandonnez en apparence, pour nous demander de résigner nos justes prétentions sur les tôles et aciers...... à ce sujet vous déployez des *voiles* de

1.

nationalité...... vous visez le point sensible de l'espoir des véritables amis du pays....... vous parlez marine...... mais au fond vous n'y songez pas.

Pour établir une base de discussion, croyons néanmoins *un très-petit instant* à vos prémices tardifs de nous fortifier véritablement, donnons même de l'extension à votre pensée.

Supposons que non-seulement vous vouliez nous élever au niveau de l'Angleterre par la marine, mais qu'encore *apprenant que vous creusiez entre vous et la France d'immenses catacombes, l'Angleterre construisait des forts métalliques et mobiles pour préparer ses côtes au blocus, ou l'invasion des nôtres......* et que vous songiez (saisis de je ne sais quelle crispation) à nous créer des asiles et des forts mobiles, par opposition aux casemates de vos forts fossiles....... et comptons.

D'une part. 30 vaisseaux par an, chacun ayant en moyenne 1,600 mètres superficiels, chacun du poids de 20^k donnent 54,000 kilogr. par navire; donc pour 30, 17 millions de kilogrammes.

D'autre part. Pour asiles et forts mobiles (sottise dont je suppose ironiquement que l'imitation puisse vous dévorer), (le meilleur rempart, le plus mobile, comme le plus sûr et le plus français, c'est le cœur).

Soit néanmoins 10 hectares couverts de tôle,

soient 100,000 mètres superficiels au poids de 15ᵏ l'un, font 15 millions de kilogr.

Vous désespérez de la nation pour 32 millions de k. de tôle (978 grammes 85 centigrammes de fer par individu), la nation a dès lors le droit de désespérer de vous.

Et *farceurs*, vous voulez nous escamoter par de pareilles amorces la fabrication des tôles, *seule source ou à peu près* d'encouragement pour les bons fers (que vous nous reprochez de ne plus produire).... Mais vous croyez donc que vos *faibles* forts et vos chemins sans fin , ont produit *leur effet espéré*... que nous sommes complétement étiolés...? *error.....*

Vous avez le front de nous dire *béatement*, l'industrie trouvera une large compensation *à un sacrifice national* (d'entente cordiale) dans la fabrication des rails des chemins *ferriques.*

Mais cela disant, vous savez fort bien que ces voies *perfides*, ces *filets* métalliques, ne s'achèveront pas, qu'ils ne sont *faisables* qu'à la Bourse, que vos banquistes et leurs compagnons d'escroquerie ne sont que des voleurs à la prime , armés du monseigneur turpide. Ils n'ont qu'un refrain : A *moi* la prime... après *moi* le déluge..... Ces Mandrins ont publiquement... à votre nez et barbe , chanté ce refrain par un rabais de 45 ans sur 90 de vos prévisions.

Si vous êtes muets... si les tribunaux sont muets dans cette occurrence... décidément, honnêtes gens que nous sommes, mettons-nous à voler, piller, violer, incendier... émettons ces excellentes actions... elles auront certainement une hausse progresssive... elles valent déjà celles du Nord (nord-ouest)... et vaudront beaucoup mieux, car de leur nature elles ne peuvent tomber.

Bonne action.

Je propose à tout événement, d'ouvrir une souscription à l'effet de publier une critique sérieuse et approfondie des chemins de fer, enregistrer et publier les scandales de la Bourse, dresser une biographie des coryphées du tripot, faire inventaire exact de leurs opérations, porter à leur débit envers la nation ce que le jeu du vol à l'action leur a procuré... cela en attendant le jour de la justice... le déluge qu'ils méprisent... et provoquent par le vide qu'ils génèrent.

Monsieur,

La fabrication du fer et celle de l'acier, occupent, sans contredit, le premier rang parmi les industries qui assignent aux nations un rang relatif de puissance et de civilisation.

Le fer est en effet l'élément de création et la matière première de tous les arts; comme l'acier, ce diamant précieux au moyen duquel l'ouvrier, tranchant toute difficulté, fait briller d'un éclat égal tous les corps soumis à son action.

Nulle question n'est donc plus importante que celle de la *sidérurgie;* cependant, aucune n'est moins bien étudiée chez nous, plus aveuglément exploitée, et, il faut le dire, moins efficacement éclairée et protégée par l'État.

Le laisser-faire, la concurrence illimitée entre les fabricants déchaînés dans l'arène de la production étroitement fermée par la consommation (ou étourdiment surexcités pour des folies comme les chemins de fer qui préparent le vide et le néant à tout ce qui aura été à la remorque des tenders ou du piston), ou la rivalité toujours menaçante de l'étranger, *croque-mitaine* du pouvoir (corruption électorale) et de l'entente cordiale (des larrons en foire), telles sont les manœuvres par lesquelles l'industrie, la plus grande d'un pays, est devenue chez nous de l'industrialisme exercé par des esclaves d'une position dominée continuellement par l'incertitude du lendemain.

C'est ainsi que le maître de forges d'autrefois, alors seigneur honoré, honnorable, et puissant à l'égal du patriarche entouré de sa nombreuse et active famille, n'est plus aujourd'hui que ce seigneur déhonté, aux prises avec son voisin, son fils, son banquier, son commissionnaire, ses employés, ses ouvriers, le préfet....., l'électeur, et vendant à tous prix des qualités détestables avec les insignes qu'une réputation séculaire avait accrédités comme le poinçon de la monnaie.

Le baron de l'industrialisme fait du fer à l'anglaise ou mixte, qu'il martelle et marque Pemmes, Drambon, Isle-sur-le-Doubs, Cingla, Sahorre, etc., et les bons fers nous manquent, dit-on ; mais c'est que les fers au charbon de bois, ravalés par ces manœuvres aux prix avilis des fers à l'anglaise, ne peuvent plus se produire consciencieusement.

Bien plus, si nous fabriquons d'excellent acier, ce qui nous arrive, quoi qu'on dise, nous le faisons vendre comme allemand ou anglais ; s'il nous arrive d'en faire de mauvais, nous l'avouons français : c'est par ces manœuvres peu françaises qu'on arrive à motiver cette banale ineptie économique que nous manquons d'acier. Nous ne manquons ni d'acier ni de fer excellents, à l'égal des meilleurs connus ; mais nous manquons de respect à la propriété des marques de fabrique, et la frande est tolérée..... que dis-je, encouragée. La fraude est large en moyen de corruption : et c'est une puissance que la corruption à l'heure qu'il est..... on pousse le cynisme jusqu'à s'avouer vendu..... corrompu..... on a, qui le croirait, des envieux de cette faveur, de ce bonheur !

Il y a plus d'un genre de corruption ; il y a la tyrannie de celle-ci ; il existe entre autres celle que le pouvoir emploie communément : c'est une sorte de torture infligée au corrompu indocile, c'est la bascule ; ainsi notre baron respire-t-il un instant la liberté de penser, et lui vient-il quelque velléité de dire ce qu'il a pensé, voilà qu'à propos de marine le pouvoir (qui cependant ne s'en soucie guère) arbore su sa balance le drapeau de l'intérêt national, fait apparaître l'Anglais, son providentiel compensateur de toutes les faiblesses qu'il est facile de supposer pour les exploiter en face d'*élus* ou *promus* pritchardistes, et demande l'invasion de notre marché *préparée* pour l'exploiter *pour* et *par* les *bons alliés* de la doctrine de l'annihilation de toute position pontificale, hiérarchique, politique, scientifique, artistique, littéraire, pour la confusion de tout intérêt en un seul, celui de l'intérêt matériel surexcité et alternativement saturé ou précipité dans les nécessités.

Toutes les positions, au lieu de recevoir la consécration si désirable de la pérennité de propriété, si bien posée en principe de conservation, de morale et de puissante organisation sociale, par M. Jobard de Bruxelles, sont avilies par le fait même des lois faites pour les protéger et les consacrer.

Est-il possible en effet de pousser le cynisme du laisser-faire au point d'exiger de par la loi que l'annonce de tout brevet *vendu* par le gouvernement soit inséparable de ces mots : *Sans garantie du gouvernement*.....! Pour donner une satisfaction à la morale outragée par les manœuvres de quelques charlatans, ne trouver d'autre moyen *que de se récuser*... c'est me semble s'accuser bien haut de honte et d'incapacité.

La morale et la nationalité effacées dans tous actes particuliers et généraux, les questions les plus vitales sont traitées de nation à nation, comme de boutiques à boutiques; ainsi à propos de chemins de fer, nous avons vu surgir la question d'entrée des rails, à propos de bateaux transatlantiques, l'entrée des machines, à propos de marine, encore même moyen, entrées des tôles et aciers sur le tapis *vert-de-gris* des diplomates conservateurs..... de quoi ! de ce qui est annihilant, avilissant, étiolant..... et poison subtil de l'industrie nationale.

Les questions vitales, sont cependant essentiellement en dehors de celles ordinaires dans lesquelles le meilleur marché abstrait toute autre considération.

La question du fer est pour toutes les nations une question d'indépendance nationale, de grandeur nationale, à laquelle au besoin la munificence d'un État doit faire les plus grands sacrifices.

Ce n'est point du point de vue restreint de la mercantilité, que doivent partir les systèmes économiques applicables à de pareilles questions ; il faut que ceux-ci combattent au contraire les idées envahissantes de la mercantilité cosmopolite et innationale, qui ne voit dans une frontière qu'une limite matérielle.... *sans hauteur.*

Qui plus, malgré l'*impopularité* de certains impôts qui en *apparence* pèsent sur le consommateur malheureux, et qui en *réalité* le *protégent* d'une éventualité de privation absolue, les hommes d'État doivent se placer assez au-dessus des clameurs publiques pour qu'elles ne les étourdissent pas, et conserver au moins le *palladium* de chaque branche d'industrie vitale, s'ils ne peuvent lui donner plus d'éclat.

Ainsi la loi des céréales si impopulaire en Angleterre, est une loi *fondamentale* et *vitale* qui ne sera *tranchée* qu'aux *dépens* du peuple qui en *veut* le sacrifice à ses besoins mal compris, à des pensées de présent, sans songer que l'agriculture de l'Angleterre est le palladium conservateur de la famine du pays du monde le plus exposé à la famine, et que cette branche d'industrie parvenue dans ce pays à un point si élevé de supériorité de production à condition égale, ne peut se maintenir à cet état qu'à la faveur d'un prix qui laisse une marge et un attrait à l'emploi des immenses capitaux qu'exige l'agronomie anglaise, qui encore ne peut s'exercer que sur la plus vaste échelle et *par les céréales comme moyen final de réalisation*. Cette loi est en outre *constitutive*....

Aussi jusqu'à ce jour non par égoïsme, non par sordide intérêt, mais par prévoyance et nationalité l'aristocratie a-t-elle résisté à toute concession d'abaissement de droit; elle est sur le point d'être envahie; quelle puissance ne l'est pas aujourd'hui par l'ivresse des principes mensongers de souveraineté du peuple qui le conduisent en résultat à tomber dans le cloaque de l'immoralité, et pour consolation à y périr de compagnie à côté d'une *illustration* corrompue en vingt-quatre heures?

Assurément il est plus important pour l'Angleterre de s'assurer du blé à 3o fr. l'hectolitre par sa propre culture, que de le payer momentanément 25, et s'exposer dans une circonstance donnée à le payer 6o, 8o et 1oo fr., à n'en avoir peut-être à aucun prix, et préserver ainsi le peuple imprudent à une époque même éloignée, d'être affamé dans une circonstance donnée qui peut naître d'autant plus tôt qu'elle sera prévue plus néfaste par l'annihilation de l'agriculture anglaise. Le fer, la fonte, l'acier, le sucre, les tissus à l'usage du grand nombre sont des nécessités de la condition sociale, si immédiatement inhérentes à la vitalité comme moyen d'action et d'hygiène, que nulle considération économique ne peut pour ces matières entrer en balance avec le premier de tous les intérêts que *dicte* la prudence, *produire par soi-même tout ce dont est besoin indispensable pour la vie et l'indépendance.*

Laissons donc là les *gélatineuses* utopies d'union des peuples par la fusion des intérêts matériels satisfaits aux mêmes conditions. Ces principes hypocrites autant qu'impossibles d'application, sont contre nature, autant vaut la loi agraire, et autant vaudrait un système qui aurait pour but et conséquence d'assimiler le neveu, le cousin au fils dans l'héritage du père, suivant la charité chrétienne qui nous fait tous frères..... Mais distinguons, c'est au spirituel..... et le temporel... est très-temporel aujourd'hui. Malgré le christianisme, malgré l'entende cordiale (ce qu'il y a de plus fort au temporel), un jour ou l'autre la nature de constitution de chaque nation, comme celle de chaque membre d'une famille vient effacer tous rapports de frères, amis, voisins, *cordialement* unis par une solidarité de besoin qui disparaît, et chacun prend ses armes et défend sa limite par le *véto le plus absolu* sous peine d'extermination, et l'imprudent qui a compté sur l'éternisation de bons rapports se trouve pris au dépourvu, courant tout risque, même de vie par inanition.

La loi des céréales n'a peut-être pas complétement le caractère du parallélisme dans la circonstance de l'appréciation de l'état de la question des droits sur les fers; c'est une loi d'un caractère exceptionnel et spécialement *constitutive pour l'Angleterre*, la réforme de celle-ci ne peut avoir pour conséquence qu'une *révolution à la mode anglaise*, une *évolution.* Tout cela est vrai, et ce n'est pas ici le lieu de le discuter, mais c'est ici le lieu d'insister sur la gravité de la question des droits sur les fers.

Comme je l'ai dit dans une brochure de 1844 (protestation aussi énergique qu'il m'a été possible contre les chemins de fer), l'Angleterre nous a toujours poussés dans la voie des nécessités pour les exploiter, aujourd'hui comme à toute époque ayant fait jouer la grande et criminelle *farce* des chemins de fer dans toute l'Europe, après avoir prélevé sans pudeur des droits énormes d'auteurs au guichet de tous les théâtres, elle a en même temps prévu que pour tant de pièces à monter la scène deviendrait féconde pour ses fabriques encombrées, et c'est elle aujourd'hui qui demande l'entrée des tôles, l'entrée des aciers, l'entrée des fers exceptionnels.

Qui ne sait donc que les usines de Suède appartiennent à l'Angleterre qui a concentré dans ce pays la fabrication des matières exceptionnelles de qualité, qui pourvoient ses arsenaux, ses fabriques, etc...., tandis que le laisser-faire a oublié sciemment, ou par imprudence, que s'il fallait suivre le progrès en faisant du fer à la houille, il ne fallait pas fermer les usines séculaires qui produisaient par circonstances exceptionnelles de localité d'excellents produits, il ne fallait pas les mettre aux prises avec la concurrence aveugle, stupide ou déhontée, de ces gérants de sociétés, qui ne connaissant de prix à rien d'acquis par l'expérience, le savoir, la sagesse, la prudence et le respect de sa position, se sont en première ligne de conduite, tracé celle de ruiner tout le monde, et cela sans égoïsme apparent, car ils se sont ruinés avant d'atteindre la limite extrême de cette profonde combinaison encouragée par l'État, par tous ses actes ou son incurie.

Aujourd'hui, s'occuper d'améliorer la position générale par un abaissement de droit, c'est donc se précipiter dans le filet anglais, ou l'ornière des conséquences de la doctrine du laisser-faire.

D'abord, quand aux chemins de fer, une sacrifice national à la position de ceux qui sont empêtrés sur cette voie serait le comble de l'immoralité, ce sont tous des forbans et de vils joueurs qui ne rachèteraient *certes aucune de leurs actions* par un *acte* de *patriotisme*; ils les ont vendues à des gens sans aveu, qui leur servent de hideux manteau, qui s'engagent pour eux à verser du sang blanc qu'ils n'ont pas, et pour ces chemins de fer *qui ne se feront pas, c'est moi qui l'ai dit à l'instant du plus grand entrain, c'est moi qui le dis aujourd'hui, c'est moi qui proclame à haute et intelligible voix qu'aucun chemin de fer aujourd'hui* ne s'entretient de son travail *ou de ses recettes*, c'est moi qui dis *pour conclure à fortiori*, je prouverai quand bon me semblera qu'une *action d'Orléans*, côtée 1400 *fr.*, *ne serait pas balancée comme possession passive, suivant la tarif, par* 100 *fr. de subvention annuelle*, et le remboursement *assuré du capital!* Si nous voyons déjà le fer, la fonte et l'acier surenchérir, j'avais raison donc de dire que 2,000 lieues de chemins de fer tripleraient instantanément le besoin que comble la production actuelle, que nous serions aux *prises avec l'imprévu*, que l'Anglais *nous attendait* sur ce terrain : aujourd'hui j'ajoute que les événements ont marché plus vite et au delà de mes prévisions; car ouvrir notre marché pour un besoin qui *n'existe que par artifice*, et qui doit nécessairement *non-seulement se calmer*, mais *s'éteindre* complétement, ne serait-ce pas la plus grande des fautes...., *la plus grande trahison!*.....

Et en fait, si sur deux mille lieues de chemins de fer *en projet* de par une loi *incroyable d'imprévoyance*, il ne s'en fait pas 500;..... que ces 500 ne *puissent s'entretenir par leur travail*,.... il y aura eu néanmoins des usines surexcitées à la production par la *perspective* de la consommation *forcée* de 600 *millions de kilogrammes de chemins de fer*, et annuellement une *consommation d'entretien de* 60 millions de kilogrammes. *Tout cela se réduira à rien*, donc *il y aura du fer...à refaire...* ou *défaire*. La véritable morale de tout ceci, c'est assurément que la question des droits des fers n'a jamais été soulevée par l'État d'une manière aussi *imprudente* ou IMPUDENTE, qu'aujourd'hui, car c'est *crier* à la *famine* à l'instant prochain d'une *récolte calamiteuse par des semailles extraordinaires*, par l'abondance excessive, et l'avilissement qui en seront la conséquence.

Ce ne sont ni des droits variables, ni la libre entrée des fers, fontes, aciers ou autres matières de première et indispensable nécessité qui répareront le mal qui existe..... *si mal il y a..... ce qui est très-douteux.*

D'une part, remarquons-le bien, l'entrée des fers, fontes, aciers, etc., etc. étrangers, peut avoir pour conséquence d'annihiler nos fabriques momentanément, et nous jeter dans des prix sur-élevés de produits étrangers. Quand une messagerie lutte avec une concurrence rivale, les prix sont avilis, cet avilissement tue le concurrent, et *la même place quadruple de prix*, relativement *à celui de l'époque de la concurrence, et double, relativement à l'ancien prix*; parce que le besoin a été surexcité, et n'est calmé que par le prix exagéré qui, lui-même, se modère par la cessation de la concurrence des demandes de place, souvent même par la nouvelle direction que prend le voyageur; alors les deux concurrents sont tués au profit d'un advenant : c'est l'histoire des plaideurs.

Ce qu'il faut pour réparer de grandes fautes, ce sont de grands moyens, monsieur, *des moyens radicaux.*

En première ligne, il faut restaurer la morale, en exterminant l'immoralité.

Il faut révoquer la loi de 1842 sur les chemins de fer; que l'État exécute *ceux excessivement peu nombreux*, et en tous cas, *sans urgence*, qui paraîtraient nécessaires pour la munificence de la nation.

Il faut poursuivre les grands voleurs par de grands et éclatants moyens de vindicte publique.

possessions; que nos amiraux ne soient pas mis aux arrêts d'honneur national, que le traître ne reçoive pas d'ovations à la tribune, que nos négociants ne soient pas reniés par nos consuls dans leurs conflits sur des terres étrangères, et si nous le voulons, notre marine sera sous peu comme notre artillerie, la première du monde.

En thèse générale gardons-nous de l'étranger, soyons Français, et non Anglais en France : que l'espionnage anglais cesse sur nos navires ; que l'association si vantée de l'entente cordiale et des capitaux anglais ne soient pas des maximes *d'argot diplomatique*, prêchées pour nous faire voler à prime, et nous faire payer des visites de voleurs armés *du monseigneur*, ou portant masque de pieux et humanitaires émancipateurs des noirs, afin d'accréditer et nous faire escompter leurs traites sur les blancs.

En fait, s'il est constant et avéré que nos mines de fer soient les plus riches et les plus variées du monde entier, ce que je maintiens, si nous avons d'immenses bassins houillers, des forêts qui couvrent le tiers du sol des pays usiniers d'autrefois, des tourbières inépuisables, des lignitières d'une richesse prodigieuse, et que, de tout cela, nous ne fassions rien, ce n'est pas assurément chez l'étranger qu'il faut chercher raisonnablement un remède à notre pénurie de production (alléguée suivant moi, et loin d'être sérieuse), et c'est chez nous-mêmes qu'il faut, certains de trouver, chercher un baume

Il faut réviser les lois des mines et usines; le domaine public est tombé dans le domaine de la corruption électorale.

Les concessions sont aujourd'hui la proie des intrigants aux dépens des propriétaires naturels plus aptes à tirer un parti utile à la société des richesses du sol, que ces grands pirates d'industrie, qui retiennent toute concession inexploitée, *s'ils ne peuvent l'exploiter à la Bourse;* en tous cas, que le périmètre des concessions soit réduit considérablement; ne les donner qu'à la condition d'alimenter les usines créées ou à créer, à un prix raisonnablement fixé par l'ouvrier et par MM. les ingénieurs.

Pour les mines de fer, la régie par l'État paraît concilier tous les intérêts. Le système des concessions leur est inapplicable, dans quelque intérêt que ce soit, ainsi que celui de la propriété naturelle. Que seraient aujourd'hui les mines de Rancié et Vicdessos sans cette régie paternelle des ingénieurs qui les ont exploitées suivant l'art, et en ont réparti le produit suivant l'équité?

Dans le département de l'Ardèche, par exemple, et ceux environnants, il existe des mines excessivement précieuses, qui alimenteraient l'Europe au besoin; eh bien, quelques concessions les absorbent à ce point qu'on ne peut obtenir de ce minerai à 25 fr. les mille kilogr., prix triple de celui d'extraction.

Or, dans pareille position, la société qui a aliéné ses richesses au point de se ruiner, n'a qu'un droit, c'est de reprendre, moyennant indemnité (pour cause d'utilité publique (c'est le cas ou jamais) ce qu'elle a perdu par une étourderie; mais elle n'a pas le moins du monde le droit de s'adresser à la nation, et lui dire : allons à l'étranger acheter ce que j'avais, mais que j'ai perdu au jeu électoral, à la roulette, etc., etc.

Il faut encourager les qualités exceptionnelles, créer des usines modèles, fabriquer dans celles-ci des tôles s'il est besoin; que l'État fasse concurrence au producteur arriéré, la France sera bientôt couverte de tôle et d'acier à des prix de revient incroyables de bon marché. Suivons en cela l'exemple de la Prusse, de l'Allemagne, de la Russie même, pays de véritable progrès, de progrès variés comme les localités, et les besoins, et protégés par des moyens, encouragements et exemples nationaux.

Ne jetons pas toujours les yeux sur l'Angleterre, qui en définitive ne nous enseigne que des méthodes nées d'une surabondance excessive de capitaux, encore de la nature de ses matières très-peu variées, et limitées à la houille et le minerai qui l'accompagne; comme l'Allemagne nous avons des bois, des oolites et minerais des *grès verts*, exceptionnels, des fers spathiques, des oxydes, oxydules, etc., etc., qui n'existent pas en Angleterre; comme l'Allemagne, ayons des méthodes variées, nous aurons des produits variés de prix, de nature et de qualités.

Pour notre marine, puisqu'il en est question, faisons encore qu'*on soit fier d'être marin, n'évacuons pas systématiquement nos conquêtes ou nos* salutaire et sans danger de réactions fatales. Ce sera de la nationalité bien entendue.

Dans un tel état de choses, sous l'empire de pareilles convictions, qu'il faut bien émettre, puisqu'elles dominent et qu'elles nous avertissent d'un cataclysme imminent, vous comprendrez facilement, Monsieur, que cet écrit ne s'adresse directement ni aux maîtres de forge, ennemis certains de tout progrès qui les met en dehors du seul pouvoir apparent qu'ils aient encore (celui des grands capitaux comme moyen indispensable d'action pour l'instant), non plus qu'à l'État qui a besoin de malades pour jouer la doctrine du docteur Broussais, qui avait pour conséquence de tuer l'homme robuste, et d'empêcher l'homme débile de se fortifier ; c'est donc à ce qu'il reste de positions indépendantes que je m'adresse et expose mon but. Je fais précéder cet exposé de considérations inséparables du sujet qui est dominé au plus haut degré par des circonstances de la plus grande et la plus imminente gravité ; *les circonstances sont le berceau du progrès ou son écueil.*

A aucune époque, l'affranchissement du travailleur de la tyrannique immoralité du capital, n'a été si nécessaire qu'il l'est aujourd'hui ; l'école anglaise a fait prêcher la puissance magique des grands capitaux, certaine d'atteindre deux buts, l'un d'ouvrir une large carrière à la dilapidation et au vol à l'action....., d'inventer une affaire..... et ne s'en occuper qu'à l'état d'émission de papier plus ou moins affecté de fiction dans sa valeur nominale ; l'autre,

d'éloigner les capacités réelles et le travail conscien-
cieux, et leur substituer les gérants improvisés ingénieurs, et des travailleurs complaisants complices de
l'incapacité de faire, et de la haute capacité du sa-
voir-faire qui distingue tout homme appelé à jouer
le rôle d'honorable à l'époque de l'immoralité.

D'un autre côté, malgré que l'administration, au
lieu de nous éclairer sur nos richesses minérales,
de nous les indiquer, de les faire étudier, explorer,
employer dans l'intérêt public, s'efforce de nous faire
croire à une infériorité de ressources naturelles, qui
nous interdisent avec l'étranger une concurrence possible et favorable de prix de production, et de qualités de produits, soyons plus Français que nous ne
le sommes, et nous reconnaîtrons qu'aucun pays au
monde ne renferme en aussi grande abondance des
minerais aussi variés que ceux qui existent en France,
au centre de la France, et y restent enfouis dans l'é-
boulis du torrent qui ravageant la forêt, ravinant le
grès houiller et la houille, entraîne à l'Océan, la
Méditerranée, le Rhin, la Meuse, la Sambre, la
Manche, toutes ces richesses broyées avec le terrain
ébouleux des pentes dévastées par ces torrents qui
domptés et régularisés dans leurs cours auraient pu
servir de sang généreux et fécondant à toutes les artè-
res de la charpente du plus grand colosse de puissance
qu'il soit possible d'imaginer...... Mais les chemins
de fer se donnent rendez-vous à la bourse, au tripot,
et les canaux se refusent à y entrer...... donc la roulette de l'époque, donc des chemins de fer, et l'oubli

de tout ce qui est sérieux, qui plus, de par les chemins de fer, mort à tout ce qui est, il faut que chacun prenne pour bonnes les plus mauvaises actions, partant que chacun mette sa position en action; voir ce qu'il y a d'assez drôlatique, les ingénieurs, et les receveurs généraux au concours des plus mauvaises actions en émission, s'entendre avec les plus grands forbans, sans qu'on puisse arguer ces honnêtes gens d'abus et de coalition. Fi de cette pestilence! A notre sujet, et en passant une protestation (puisque aucun ingénieur n'a cru devoir en faire), que le titre ici est un masque trompeur et imposteur, qu'aucun de MM. de la compagnie dite des Ingénieurs, n'a en fait et en droit la qualité d'ingénieur.... mais de par le laisser-faire quiconque n'a-t-il pas le droit de se qualifier..... aux dépens de celui qui a qualité!!!

Ainsi d'une part les maîtres de forges enchaînés par les difficultés d'une position conctamment critique, n'ont qu'un désir, celui d'en sortir, et viendrait demain un projet de loi sur le rachat des fabriques de fer (qui ne serait en rien plus cynique que celui des fabriques de sucre), (qui lui-même n'était qu'un prélude de haute trahison), vous verriez demain tous les maîtres de forge faire queue pour se faire tarifer devant les commissaires-priseurs de nos richesses naturelles, actives puissances dont nous renaissons, quoi qu'arrive, avec une si prodigieuse vigueur, que c'est pour cela même que nous sommes constamment minés par de bases et jalouses rivalités..... qu'il faut éteindre à tout jamais..... Il en est temps, et Carthage est préparée aux extrémités qu'elle a si longtemps éloignées par notre avilissement, qu'enfin elle comprend elle-même que le ressort de l'honneur national français est contraint par une puissance qu'il est impossible de maintenir à son énorme pression, et *que l'explosion est imminente.*

D'autre part le travailleur imbu de cette idée que la France est pauvre de ressources naturelles, qu'il faut d'immenses capitaux pour aborder une fabrication de fer, ne s'associe qu'en tremblant à une opération de fabrication du métal *régent*, et se garde de penser qu'une petite association de famille puisse entrer dans la lice, et produire à bien meilleur marché par des soins assidus, par l'unité d'action, s'exerçant dans d'étroites mais naturelles limites, que ce maître de forge entouré de valetailles, de chiens et chevaux, encore de directeurs, inspecteurs, contrôleurs, caissiers, commis, contre-maîtres, etc., etc., tous en rivalité de le tromper, et en définitive le constituer esclave de leur volonté, du bon accueil de son banquier a son papier, de la faveur du préfet, du ministre, etc., *mais indépendant par le prix et la qualité de ses produits*, pas le moins du monde.

Il y a donc un pas immense à faire pour que le progrès dans la fabrication du fer soit possible.

Pour faire ce pas, il faut éclairer l'avenir sur deux points.

1° Établir qu'il existe en France plus de 200 localités dans lesquelles se groupent les circonstances d'une fabrication utile, et que dans ces 200 localités plus de 100 sont encore complétement vierges de toute tentative humaine depuis que l'industrie a affecté le caractère aristocratique, mais la plupart ayant donné lieu autrefois à des exploitations comme nous les comprenons utiles, véritablement utiles, véritablement puissantes, et indépendantes; nous voulons parler des usines modestes, autrefois à bras, et portatives, maintenant; destinées à emprunter à la vapeur une force mobile qui ne connaît d'obstacle ni dans les lieux, ni dans les saisons, et affranchit l'homme de la force maladive des animaux et des cours d'eau.

2° Établir qu'un capital de moins de 30,000 fr. est plus que suffisant généralement pour établir parfaitement par nos méthodes une fabrication de 1,000 kilog. de fer ou acier par jour, que ce fer ou cet acier seront infiniment supérieurs et à bien meilleur marché que ceux fabriqués par les méthodes ordinaires.

Après 20 années de travaux et de recherches dispendieuses, parvenu à avoir asservi des vérités théoriques aux exigences d'une pratique facile et infaillible, j'ai compris que ni des écrits, ni des paroles ne pouvaient faire passer dans l'application des moyens entièrement nouveaux, contre lesquels toutes les résistances imaginables sont nées avant que ces moyens apparaissent sur la scène.

D'un autre côté, il n'existe pas en France d'usine métallurgique modèle dans laquelle des directeurs d'industrie puissent se former *ex professo* à la pratique de l'art qu'ils sont appelés à diriger.

Dans un but positivement entendu entre M. Dubois-Nihoul, concessionnaire du canal de Jemmapes à Alost, et moi, j'établis donc avec l'appui et les deniers de celui-ci, une usine école pratique spécialement destinée dans des idées plus *artistiques qu'industrielles* (termes de mes conventions), à l'effet :

1° De fabriquer par jour 1,000 kilogr. de fer par des procédés de méthodes directes, ayant pour résultat 1° d'obtenir le fer sans fusion ; 2° avec un avantage proportionnel à la richesse ; 3° avec une qualité dépendante de celle du minerai *seulement*, et nullement du combustible, qui peut être quelconque, et à quelque état que ce soit, carbonisé ou non ;

2° Entretenir dans l'usine six élèves des mines par an, les former à la pratique absolue des méthodes employées, et après cette éducation pratique les envoyer appliquer nos méthodes dans les localités où ils seraient demandés.

3° Pour quiconque a du minerai et se trouve dans l'intention de se livrer à la fabrication du fer, l'admettre à se convaincre par ses yeux, ses mains et ses oreilles du coût d'une usine, du prix de revient de son fer et de sa qualité en suivant la marche suivante :

Envoyer 10 kilogr. de minerai, une notice de circonstances et d'intentions.

Sur cet envoi je ferai un essai préliminaire.

J'enverrai à l'expéditeur certificat de cet essai.

Ce certificat aura pour but de constater quelles seront en grand les circonstances de fabrication du minerai envoyé.

Si sur ce certificat l'expéditeur juge à propos de faire un essai en grand, il expédiera 3,ooo kilog. de son minerai; au reçu, il lui sera donné jour pour son essai, ayant pour but de fabriquer sous ses yeux, avec son minerai, *et s'il veut*, *avec des ouvriers à lui*, 1,ooo kilogr. de fer ou acier environ.

Si les circonstances de l'essai en grand sont conformes à celles du certificat d'essai préliminaire, les deux tiers du fer lui appartenant, et un tiers au conservatoire de l'usine-école, celui qui aura demandé l'essai devra 1ooo fr. pour chaque série de 3ooo kil. de minerai converti en fer, et 15oo fr. chaque série de minerai converti en acier. (Chaque essai en grand par série sera sans fractions moindres que 3ooo kil. de minerai essayé à la fois.)

Si les circonstances de l'essai en grand diffèrent en moins de produit, ou moins de qualité, ou plus de consommations et main-d'œuvre que celles indiquées, le transport du minerai, sa valeur, et une indemnité de déplacement seront comptées à celui qui sera venu faire l'essai.

Enfin, sur un décalque de la carte géologique de France, nous construisons une carte minérallurgique du point de vue d'applications par nos méthodes; cette carte comprendra l'indication des gisements de matières premières, les routes faites ou à faire, les

canaux faits ou à exécuter, les forces motrices exis-
tantes, et enfin sera accompagnée d'une collection
des matières premières indiquées, avec les produits
en fer et acier qui en proviennent.

Ceci nous dispense de tout commentaire, de
toutes explications de moyens (oiseux ici), et que
nous nous empresserons de donner à tout intéressé
sérieux à s'éclairer.

Notre but se résume à établir pour notre compte
que la démocratie industrielle dépend des moyens,
que si ceux-ci émancipent le travail de la tyrannie
épouvantable du capital, il n'est nul besoin de se
préoccuper du travail, et du travailleur, que si l'un
manque jamais à l'autre sous l'empire de celle-ci,
ce sera le travailleur qui manquera au travail, *toujours surabondant pour quiconque est libre de tra-
vailler.* Honnis soient les organisateurs de travail, ce
sont des traîtres, qui conspirent l'esclavage du travailleur.

J'ose espérer que les idées que j'émets sur la position morale de l'industrie et sur les causes qui l'ont
menée à l'abjection, qui la conduisent à la prostra-
tion comme toute position, seront comprises par les
honnêtes gens, qui loin de traduire ces expressions
en intentions incendiaires et perturbatrices, les ac-
cueilleront, pour ce qu'elles sont réellement : des
plaintes sans amertume d'une douleur profonde de
voir que tout honneur s'étiole à la fureur du jeu,
que la nationalité disparaisse, et que tout ce qui est
sérieux soit étouffé par le ridicule qui de proche en

proche rejaillit sur les gens de bonne foi, entourés de fripons déhontés, qui répandent la stupeur et la méfiance dans tous les rapports.

Je proteste au besoin contre toute idée qui n'ait pour but et tendance unique l'intérêt particulier par l'intérêt général, et l'affranchissement de la morale par l'anathême des manœuvres de l'impatiente et insatiable immoralité.

J'ose particulièrement espérer que MM. les ingénieurs des mines voudront bien m'aider de leurs excellents conseils et de leur assistance au besoin, pour établir une collection aussi complète que possible des différents minerais et produits manufacturés que renferment les départements qu'ils administrent, les priant de me considérer *à leur entière disposition* pour tout ce qu'il leur conviendra de me demander de renseignements ou essais, etc., etc.

J'ai l'honneur d'être,

Monsieur,

Votre serviteur,

Adrien CHENOT,
Ancien élève de l'École royale des Mines.

Nota. L'usine sera ouverte au public le 1ᵉʳ mars prochain, le samedi de chaque semaine. Pour y être admis, il faut m'adresser une demande de carte d'entrée. S'adresser à Clichy-la-Garenne, rue du Landy, 66.

www.ingramcontent.com/pod-product-compliance
Ingram Content Group UK Ltd.
Pitfield, Milton Keynes, MK11 3LW, UK
UKHW021649090726
13657UKWH00004B/1866